www.ingramcontent.com/pod-product-compliance
Lightning Source LLC
LaVergne TN
LVHW010416070526
838199LV00064B/5311
9789358727739

تجلیاتِ بیدلؔ

مرتب:

نادر المسدوسی

© Nadir Almusdoosi

Tajalliyat-e-Bedil

by: Nadir Almusdoosi

Edition: April '2024

Publisher :

Taemeer Publications LLC (Michigan, USA / Hyderabad, India)

ISBN 978-93-5872-020-4

9 789358 720204

مرتب یاناشر کی پیشگی اجازت کے بغیر اس کتاب کا کوئی بھی حصہ کسی بھی شکل میں بشمول ویب سائٹ پر اَپ لوڈنگ کے لیے استعمال نہ کیا جائے۔ نیز اس کتاب پر کسی بھی قسم کے تنازع کو نمٹانے کا اختیار صرف حیدرآباد (تلنگانہ) کی عدلیہ کو ہوگا۔

© نادر المسدوسی

کتاب	:	**تجلیاتِ بیدل**
مرتب	:	**نادر المسدوسی**
صنف	:	غیر افسانوی نثر
ناشر	:	تعمیر پبلی کیشنز (حیدرآباد، انڈیا)
سالِ اشاعت	:	۲۰۲۴ء
صفحات	:	۴۶
سرورق ڈیزائن	:	تعمیر ویب ڈیزائن

انتساب

ہم اپنی اس مختصر سی کوشش کو
والدِ محترم
حضرت محمد حبیب بیدلؔ صاحب مرحوم و مغفور
کے اُن تمام
دوست احباب اور ادب نواز شخصیتوں
کے نام معنون کرتے ہیں
جو کہیں نہ کہیں، کسی نہ کسی موقع پر
والدِ محترم کے ساتھ رہے
اور جنھوں نے ان کا ساتھ دیا۔

طالبِ دعا
(فرزندان محمد حبیب بیدلؔ مرحوم)
محمد اقبال، محمد رفیق
محمد ادریس، محمد اکبر

تعزیتی اشعار

(محمد حبیب بیدلؔ صاحب کی یاد میں)

عجب ہیں عشقِ سُخن کی راہیں حبیب بیدل حبیب بیدل
نقشِ دل میں وہ دن وہ راتیں حبیب بیدل حبیب بیدل

ادب کی خدمت خلوصِ دل سے تمہاری فطرت میں بس گئی تھی
نہ بُجھ سکیں گی تمہاری یادیں حبیب بیدل حبیب بیدل

سلیقے میمن برادری کے، قرینے آپس کی دوستی کے
رہیں گی قائم وہ ساری باتیں حبیب بیدل حبیب بیدل

یہ بزمِ بے دل رہے سلامت، مٹے نہ دل سے کسی کی اُلفت
روشؔ کے دل کی ہیں یہ دُعائیں حبیب بیدل حبیب بیدل

نتیجہ فکر: سید یوسف روشؔ

از: نادرالمسدوسی
(پی۔ایچ۔ڈی۔ریسرچ اسکالر)
مشیرِ اعلیٰ بزم بیدلؔ وصدر بزمِ علم وادب

محمد حبیب موسیٰ ویرانی المعروف محمد حبیب بیدلؔ

نام محمد حبیب موسیٰ ویرانی تخلص بیدلؔ تھا عبد الموسیٰ ویرانی کے گھر ۱۹۱۴ء میں گجرات کے ایک ضلع اپلٹاوی (راجکوٹ) میمن گھرانے میں تولد ہوئے۔ان کا گھرانہ عہد قدیم سے ہی تجارت پیشہ رہا ساتھ ہی ساتھ تعلیم کا حصول ان کا وصف رہا چنانچہ محمد حبیب نے بڑودہ یونیورسٹی سے گریجویشن تک تعلیم حاصل کی۔لیکن پیشہ تجارت ہی سے وابستہ رہے۔ انھیں مادری زبان گجراتی اور انگریزی زبان پر عبور حاصل تھا۔بعد ازاں ۱۹۴۰ء میں حیدرآباد منتقل ہوگئے اور یہاں پر اردو زبان سے واقفیت حاصل کی اس طرح انھوں نے تین زبانوں گجراتی ' اردو اور انگریزی کو سماجی وادبی خدمات میں ترسیل کا ذریعہ بنایا اور مقبولیت حاصل کی۔

محمد حبیب بیدلؔ کی زندگی کو دو حصوں میں تقسیم کیا جاسکتا ہے ایک حصہ پیدائش ۱۹۱۴ء سے لے کر ۱۹۴۰ء تک کا ہے جو انھوں نے گجرات میں گذارا جو ان کا تعلیمی اور ابتدائی تجارت کا رہا ہے اور دوسرا دور ۱۹۴۰ء سے انتقال ۱۵ رستمبر ۲۰۰۳ء تک کا ہے جو انہوں نے حیدرآباد کی پُر ادب فضاؤں میں گذارا اور مختلف شعبہ حیات میں اپنی غیر معمولی صلاحیتوں اور قابلیت کے ذریعہ وہ خدمات انجام دیں جو مینارہ نور کے مماثل رہی ہیں جس کی روشنی میں متاخرین عرصہ دراز تک آگے بڑھتے رہیں گے۔

سماجی خدمات: محمد حبیب بیدلؔ کا شمار جہاندیدہ' دوراندیش' مردُم شناس' قابل

فہم وادراک، ہمدرد ومخلص اشخاص میں ہوتا ہے یہی وجہ سے انھوں نے اپنی میمن برادری میں خواندگی اور معیشت کو بہتر بنانے میں حیدرآباد کے علاوہ بمبئی کی میمن برادری کو متحد کیا اور ۱۹۵۶ء میں ''حیدرآباد حالائی میمن جماعت'' کی بنیاد ڈالی اور ۱۹۳۰ء میں قائم شدہ ''میمن ایجوکیشنل اینڈ ویلفیر سوسائٹی ممبئی'' میں ۱۹۵۰ء سے تاحیات سکریٹری کی حیثیت سے گراں قدر خدمات انجام دیئے۔ جو ہمیشہ یادرکھے جائیں گے۔ یہ بہت ہی شریف النفس، دیانتدار اور خادمِ قوم وملت کی حیثیت سے جانے جاتے رہے ہیں اوران کے انتقال پر بالخصوص میمن برادری نے بہت بڑے نقصان سے تعبیر کیا جو کبھی پُر نہیں ہوسکتا۔

انہوں نے جئے تلنگانہ تحریک میں بھی حصہ لیا اوراس وقت کے بھی قائدین مسٹر چنا ریڈی چیف منسٹر، مسٹر کونڈا لکشمن باپوجی وغیرہ کے بہت قریبی ساتھیوں میں شمار کیے جاتے تھے مگر انہوں نے کبھی بھی پارلیمانی سیاست میں قدم نہیں رکھا۔ البتہ تلنگانہ تحریک کے تمام اجلاسوں میں شرکت کرتے اور تلنگانہ سے متعلق نغمات سنایا کرتے۔ اوراس تحریک میں حصہ لینے والوں کے لیے تہنیتی کلام پیش کرتے تاکہ ان میں اور حوصلہ بڑھے۔

ادبی خدمات : محمد حبیب بیدلؔ کو اسکول کے زمانے طالبِ علمی ہی سے مختلف عنوانات پر مضامین لکھنے اورشاعری کرنے کا شوق تھا۔ اسکول وکالج میں منعقد ہونے والے تحریری وتقریری مقابلوں میں حصہ لے کر انعامات حاصل کرتے رہے اوران کے مضامین کے علاوہ ان کا کلام بھی گجراتی اخبارات ورسائل کے زینت بنے۔

۱۹۴۰ میں حیدرآباد منتقل ہوجانے کے بعد انہوں نے استاد شاعر حضرت میر حسن علی صاحب المعروف صبر آغائی ابولعلائی سے شرفِ تلمذ حاصل کیا اور شاعری کی دنیا میں ممتاز مقام حاصل کرنے میں کامیابی حاصل کی۔ ان کے گجراتی اوراردو میں نثری وشعری تخلیقات حیدرآباد(آندھراپردیش)، بمبئی(مہاراشٹرا) اور بڑودہ (گجرات) کے مؤقر اخبارات اوررسائل میں شائع ہوتے رہے۔ اس طرح انہیں ایک منفرد مقام حاصل رہا کہ بیک وقت تین ریاستوں میں مقبولیت حاصل کی۔ اور ہر مقام پر بہت ہی ادب، عزت واحترام کی نگاہ سے دیکھے جانے لگے۔

محمد حبیب بیدلؔ ''بزمِ نو آندھرا پردیش'' اور ''بزمِ اولیٰ حیدرآباد'' میں رکن کی حیثیت سے نمایاں طور پر ادبی خدمات انجام دیے جو قابل ستائش اور قابل فخر رہے ہیں۔اس کے علاوہ حیدرآباد میں مختلف اداروں وانجمنوں کے زیر اہتمام منعقد ہونے والے مشاعروں میں انہیں بڑے ہی احترام سے مدعو کیا جاتا اور یہ بڑی ہی خوشدلی کے ساتھ شرکت کرتے اور اپنے کلام سے سامعین وشعرا برادری کو محظوظ کرتے اور داد حاصل کرتے۔

محمد حبیب بیدلؔ نے تمام اصنافِ سخن میں طبع آزمائی کی ہے۔حمد باری تعالیٰ'نعت شریف'منقبتِ حضرت حسینؓ 'منقبتِ حضرت غوث اعظمؒ'منقبت حضرت خواجہ اجمیریؒ 'غزلوں کے علاوہ مختلف عنوانات اور موقعوں پر نظمیں اور قطعات بھی تحریر کئے ہے۔ان کا سارا کا سارا کلام پڑھنے سے تعلق رکھتا ہے اللہ تعالیٰ اور رسول اللہ صلی اللہ علیہ وسلم سے بے پناہ محبت عقیدت واحترام کا خزینہ ہے۔اوَلیا اللہ و بزرگانِ دین سے والہانہ وابستگی کا مظہر ہے۔سماج ومعاشرے کی عکاسی کرتا ہے۔اس کے علاوہ قدرتی حسین مناظر وفطرتِ انسانی کی مدحت کے ساتھ ساتھ ان کا محبت بھرا دل بھی دھڑکتا ہوا نظر آتا ہے اور یہ ہر اس صاحبِ دل کے جذبات وتخیلات ہوتے ہیں جو اپنے کشادہ سینہ اور تحفظات سے عاری سر میں عشقِ حقیقی ومحبت مجازی سے سرشار قلب وذہن رکھتے ہیں۔(شاعری پر تبصرہ یہاں پر پیشِ نظر نہیں ہے اس لیے اختصار سے کام لیا گیا ہے)ان کا شعری اثاثہ اس قدر ہے کہ بہ آسانی مجموعہ کلام شائع کیا جا سکتا ہے اور ان کے فرزندان اس کام کی انجام دہی کے لیے ہمہ تن گوش مصروفِ عمل ہیں۔اس طرح امید ہے کہ حضرتِ بیدل صاحب کی آئندہ برس تک انکا مجموعہ کلام بھی منظرِ عام پر آجائیگا۔انشاءاللہ

بہرحال محمد حبیب بیدلؔ اپنی ساری زندگی علم وفن اور قوم وملت کی فلاح و بہبود میں گذاردی جسے کبھی فراموش نہیں کیا جا سکتا بلکہ دنیا انہیں برسہا برس تک یاد رکھے گی۔

اولاد: محمد حبیب بیدلؔ صاحب شریف النفس'خوش اخلاق'ملنسار'ہمدرد'دیندار'دیانتدار'خدمتِ خلق کے جذبہ سے سرشار'صبح ومسا قوم وملت کی فلاح و بہبودی میں

غور وفکر اور عملی اقدامات کے لیے مصروفِ عمل شخصیت کا نام ہے اور یقیناً جب اللہ تعالیٰ کسی ایک فردِ واحد میں اس قدر صفاتِ حمیدہ جمع کر دیتا ہے اور اس سے دین ودنیا اور اپنے بندوں کی خدمت لیتا ہے تو اسے انعام کے طور پر نیک اور صالح آل واولاد بھی عطا فرماتا ہے بلا شبہ یہ کہا جا سکتا ہے کہ محمد حبیب صاحب کی اولاد بھی انہیں صفات کی حامل ہے اور اپنے مرحوم والدِ بزرگوار کے نام کو روشن کر رہی ہے اور اس جہت میں جو ممکن ہوسکتا ہے اپنی محبت کے نذرانے پیش کر رہی ہے۔

اللہ تعالیٰ نے محمد حبیب بیدلؔ کو چار لڑکے محمد اقبال، محمد رفیق، محمد ادریس اور محمد اکبر کے علاوہ چار لڑکیاں عطا کیں۔ لڑکیوں کی شادیاں ہوچکی ہیں اپنے اپنے گھر میں سنسار کر رہی ہیں۔

وفات : آخرکار یہ نیک صفت خدا ترس انسان ۱۵ر ستمبر ۲۰۰۳ء م ۱۷ر رجب المرجب ۱۴۲۴ھ کو اس دارِ فانی سے کوچ کر گیا۔ ان کے انتقال کی خبر حیدرآباد اور گجرات کے تقریباً سبھی اردو اور گجراتی اخبارات میں بڑے ہی افسوس کے اظہار کے ساتھ شائع کی گئیں۔

محمد حبیب بیدلؔ مرحوم کے چاروں لڑکے اپنے آبائی پیشہ تجارت سے وابستہ ہیں لیکن اپنے والد محترم کی طرح ادبی خدمات بھی انجام دے رہے ہیں اور سب سے بڑے صاحبزادے محمد اقبال نے تو ورثہ میں پائی شاعری کو زندہ رکھنے کی کوشش کرتے ہوئے شاعری کے میدان میں قدم رکھ چکے ہیں جن کے بارے میں بلا شبہ کہا جا سکتا ہے کہ ان میں شعر کہنے کی تمام تر صلاحیتیں بدرجہ اتم موجود ہیں اور امید ہے کہ بہت جلد خود کو شاعر کی حیثیت سے منوانے میں کامیاب ہوجائینگے۔ ان کے علاوہ دیگر برادران بھی اپنے مرحوم والد محترم کی یاد کو زندہ رکھنے کے لیے پہلی برسی ۸ر اگست ۲۰۰۴ء کو بزمِ بیدلؔ کے نام سے ادبی انجمن کا قیام عمل میں لایا اور ادبی خدمات انجام دینے کی غرض سے باضابطہ

ایک کمیٹی تشکیل دی جسکے سر پرست کی حیثیت سے یہ خود یعنی محمد اقبال ہیں۔اور جناب عزیزؔ ناگپوری (صدر)، محمد ادریس (نائب صدر)، محمد یوسف الدین یوسف (جنرل سکریڑی) افتخار عابد (جوائنٹ سکریڑی) اور خالد صدیقی کو (سکریڑی) کی حیثیت سے نامزد کیا گیا اور اس بزم کا پہلا مشاعرہ ۸؍اگست ۲۰۰۴ء ہی کو سر پرست بزم محمد اقبال کی نگرانی میں حالائی میمن جماعت خانہ معظم جاہی مارکٹ روڈ منعقد ہوا جس میں شہر کے تیس شعراء کرام نے حصہ لیا اور کلام سنا کر داد حاصل کی ''بزمِ بیدلؔ'' کے ذمہ داروں نے یہ طئے کیا کہ سہ ماہی مشاعرے منعقد کئے جائیں جن میں شہر کے تمام شعرا کرام کو مدعو کیا جائے۔

ماہ اپریل ۲۰۰۵ء میں ''بزمِ بیدلؔ'' کے سر پرست اور فرزندان ودیگر ذمہ داروں نے متفقہ طور پر چند ناگیز یر وجوہات کی بنا پر پہلی کمیٹی کو تحلیل کرتے ہوئے نئی کمیٹی کی تشکیل دی جس میں بحیثیتِ سر پرست محمد اقبال، مشیر اعلیٰ نادرؔ المسدوسی، صدر محمد یوسف الدین یوسفؔ، نائب صدر نور الدین امیرؔ، معتمد عمومی انجم شافعی، شریک معتمد مفتی اختر ضیا، معتمد خالد صدیقی اور خازن محمد ادریس کا انتخاب عمل میں آیا اور اب یہ کمیٹی باہم مشاورت سے خدمات انجام دے رہی ہے۔اس نئی کمیٹی نے یہ طئے کیا کہ ہر تین ماہ منعقد ہونے والے مشاعرہ کو صرف مشاعرہ کی حد تک محدود نہ رکھا جائے بلکہ ادبی خدمات انجام دینے والی کسی معزز شخصیت کے اعتراف میں ادبی اجلاس بھی منعقد کیا جائے اور شال پوشی اور گلپوشی کرتے ہوئے تہنیت پیش کی جائے اور اُن کے خدمات فن اور شخصیت پر تبصرہ کے لئے پروفیسرز ممتاز ادباء وشعرا کو مدعو کرتے ہوئے اُن کی قدر ومنزلت کی جائے۔

اس نوعیت کا پہلا تہنیتی جلسہ حیدرآباد کے نامور اُستاد شاعر وادیب پروفیسر عقیل ہاشمی صاحب سابق صدر شعبہ اردو عثمانیہ یونیورسٹی کی علمی ادبی ومذہبی خدمات کے اعتراف میں ۸؍مئی ۲۰۰۵ء کو بعد نماز مغرب مسدوسی ہاوز مغل پورہ میں منعقد ہوا جس کی

صدارت مولوی محمد قمرالدین صابری ایڈوکیٹ وچیرمین مکتبہ شاداب نے کی اور ڈاکٹر مجید بیدار اسوسی ایٹ پروفیسر جامعہ عثمانیہ نے بحیثیت مہمانِ خصوصی شرکت کی ۔صدر ومہمانِ خصوصی کے علاوہ جناب نادر المسدوسی سرپرست بزمِ بیدلؔ وصدر بزم علم وادب اور جناب انجم شافعی معتمد عمومی بزمِ بیدلؔ نے ڈاکٹر عقیل ہاشمی کی علمی ٗادبی ومذہبی خدمات پر تفصیل سے روشنی ڈالی بعد ازاں مولوی قمرالدین صابری صاحب ہی کی صدارت میں غیر طرحی مشاعرہ کا انعقاد عمل میں آیا جس میں حیدرآباد کے ممتاز شعرا کرام نے کلام سنا کر داد حاصل کی ادبی اجلاس ومشاعرہ کی نظامت محمد یوسف الدین یوسف نے بڑی خوبی سے چلائی جبکہ اس پروگرام کا آغاز جناب سید یوسف روش کی قرآتِ کلام پاک سے ہوا۔

(تمام تفصیلات رپورتاژ از انجم شافعی میں ملاحظہ فرمایئے)۔

حیدرآباد کے ممتاز ادیب شاعر وصحافی مولوی محمد قمرالدین صابری صاحب ایڈوکیٹ کے دیرینہ علمی ٗادبی ٗصحافتی خدمات کے اعتراف میں دوسرا تہنیتی جلسہ ۷راگست ۲۰۰۵ء بروز یکشبہ مسدوسی ہاوز مغل پورہ میں زیر صدارت ڈاکٹر عقیل ہاشمی سابق صدر شعبہ اردو عثمانیہ یونیورسٹی منعقد ہوا ۔(جسکی تمام تر تفصیلات رپوتاژ از نادر المسدوسی میں ملاحظہ فرمائے)۔

محمد حبیب بیدلؔ مرحوم کی دوسری برسی کے موقع پر بتاریخ ۲۵رستمبر ۲۰۰۵ء مسدوسی ہاوز مغل پورہ میں بزمِ بیدلؔ کے زیر اہتمام طرحی نعتیہ مشاعرہ بطرح ''یا محمد کہتے رہنے کا مزہ کچھ اور ہے'' زیر صدارت حضرت بدرِ طریقت علامہ مولانا سید جمیل الدین جمیل شرفی القادری منعقد ہوا جس میں بحیثیت مہمانانِ خصوصی جناب حلیم بابر (محبوب نگر) ٗجناب عزیز حسین عزیز ٗجناب ڈاکٹر فاروق شکیل ٗجناب اسد ثنائی اور جناب سردار سلیم نے شرکت کی ۔محمد اکبر (فرزند بیدلؔ مرحوم) کی قراتِ کلام پاک سے پروگرام

کا آغاز ہوا۔ جناب محمد یوسف الدین یوسف نے بیدلؔ مرحوم کی نعتِ شریف پیش کی ۔محمد اقبال سرپرست بزم، جناب نادرالمسدوسی مشیر اعلیٰ، جناب انجم شافعی معتمد عمومی نے بیدلؔ صاحب مرحوم کی شخصیت، فن اور خدمات پر رشنی ڈالی ۔اس مشاعرہ میں حیدرآباد کے ۳۷ ممتاز شعرا کرام نے شرکت فرمائی اور طرحی نعتیہ کلام پیش کر کے دادِ تحسین حاصل کی۔

بزم بیدلؔ کے زیراہتمام تیسرا تہنتی جلسہ اشاعت مجموعہ کلام وحصول ڈگری ڈاکٹریٹ وایم۔فل بتاریخ ۱۷رڈسمبر ۲۰۰۵ء بروز ہفتہ بعد مغرب مسدوسی ہاوز مغل پورہ میں زیرصدارت حضرت علامہ مولانا بدرطریقت سید جمیل الدین جمیل شرفی القادری چیرمین قادریہ ٹرسٹ منعقد ہوا جس میں ڈاکٹر سید حسنؔ صاحب کو ان کے مجموعہ کلام ''گماں کی دھوپ''، جناب عزیز حسین عزیزؔ صاحب کو ان کے مجموعہ کلام ''مطلعِ حرا'' اور جناب محمد امان علی ثاقبؔ صابری صاحب کے بیک وقت سات کتابوں اور تین سہ ماہی رسالوں کی اشاعت پر ان کے علاوہ ڈاکٹر خواجہ فرید الدین صادقؔ، ڈاکٹر طیب پاشاہ قادری، ڈاکٹر سید رزاق علی ظفرؔ کی ڈاکٹریٹ کی ڈگری کے حصول اور جناب انجم شافعی کی ایم۔فل کی ڈگری کے حصول پر تہنیت، شال پوشی وگلپوشی کی گئی۔ جناب یوسف روشؔ نے ان سبھی پر تہنیتی قطعات پیش کیے اور خوب داد حاصل کی۔اس موقع پر جناب نادرالمسدوسیؔ نے ابتدائی تعارفی تقریر کرتے ہوئے تینوں مصنفین اور ڈاکٹرز وریسرچ اسکالر کا تعارف کروایا اور ان کی خدمات کو خراج تحسین پیش کیا ان کے علاوہ محمد حبیب بیدلؔ مرحوم کا تعارف کرواتے ہوئے ان کی خدمات کو خراج عقیدت پیش کیا اور مولوی محمد قمرالدینؔ صابری صاحب نے بھی تقریر کرتے ہوئے بزم بیدلؔ کے عہدیداروں کو مبارکباد پیش کی اور بزم کی جانب سے کی جانے والی خدمات کی سراہنا کی اور تمام تہنیت حاصل کرنے والے اصحاب کو مبارکباد پیش کی۔

بعدازاں غیر طرحی غزل کا مشاعرہ منعقد ہوا جس میں ۳۲ شعرأ اکرم نے حصہ لیا اور کلام پیش کر کے داد حاصل کی۔

بہر حال محمد حبیب بیدلؔ صاحب کی بے لوث خدمات کا ثمر یہ رہا ہے کہ ان کے صاحبزادوں اور ان کے مداحوں نے ان کے نام کو زندہ رکھنے اور اردو کی خدمت کا جذبہ لئے برسرِ پیکار ہیں اور انشاء اللہ وتعالیٰ بہت دور تک بیدلؔ مرحوم کے نقش قدم پر چلتے ہوئے ادبی وفلاحی خدمات انجام دیتے رہیں گے۔ بشرطیکہ اس میں آپ سبھی کی دعائیں اور عملی تعاون برابر جاری اور حاصل رہے۔

آخر میں اللہ تعالیٰ سے دعا ہے کہ وہ ہم سب سے دین، دنیا وار دوادب کی حقیقی خدمت ایسی لے لے کہ وہ اور ہمارے آقائے دو جہاں رحمتہ اللعالمین شفیع المذنبین صلی اللہ علیہ وسلم ہم سے راضی ہو جائیں۔ آمین ثم آمین۔

نادر المسدوسیؔ

(پی۔ ایچ۔ ڈی۔ ریسرچ اسکالر)

مشیرِ اعلیٰ بزم بیدلؔ وصدر بزمِ علم وادب

مکان نمبر 23-2-318

مغل پورہ، حیدرآباد

فون نمبر 9346918848

انجم شافعی
ایم۔اے۔(عثمانیہ)
ایم۔فل(ریسرچ اسکالر)

محمد حبیب بیدلؔ

جناب محمد حبیب بیدلؔ مرحوم ۱۹۱۴ء میں گجرات کے مشہور ضلع راج کوٹ کے موضع اُپلیٹاUpleta میں ایک معزز تاجر محمد عبدالموسیٰ ورانی کے گھر پیدا ہوئے جو میمن برادری سے تعلق رکھتے تھے انھوں نے اپنی تعلیم وہیں مکمل کی اور گریجویشن وہیں سے کامیاب کیا۔ گجراتی ہونے کے ناطے گجراتی زبان سے بخوبی واقف تو تھے ہی لیکن گجراتی کے ساتھ ساتھ انگلش اور اردو بھی اچھی طرح جانتے تھے۔

حضرت بیدلؔ کو طالبِ علمی کے زمانے سے ہی شعر وسخن سے دلچسپی تھی اور وہ اکثر شعر کہا کرتے تھے۔انہوں نے نہ صرف گجراتی بلکہ اردو میں بھی طبع آزمائی کی یعنی بیک وقت گجراتی اور اردو میں شعر گوئی کیا کرتے تھے۔شعر کہنے کے علاوہ نثر نگاری کا بھی شغف تھا ان کے نثری تخلیقات اور شعری تخلیقات اکثر گجراتی اخبارات کی زینت بنا کرتے تھے۔کئی موضوعات پر مضامین لکھے اور ایک بہترین مضمون نگار کہلائے گئے۔

۱۹۴۰ء میں حضرت بیدلؔ گجرات سے حیدرآباد منتقل ہوئے اور یہیں بود و باش اختیار کرلی۔اپنی شاعری کو مزید نکھارنے کے لئے کہنہ مشق استادِ سخن حضرت مولانا میر حسن علی صاحب کے سامنے زانوئے ادب طئے کیا اور ایک عرصہ دراز تک آپکی شاگردی میں رہے اور بیشمار مضمون وغزلیات کہہ ڈالے۔جسکی وجہہ سے بہت جلد شہر حیدرآباد کے علمی وادبی حلقوں میں اپنا مقام بنالیا اور کئی انجمنوں کے عہدوں پر فائز رہے۔خود انکی اپنی انجمن کے صدر اور سرپرست بھی تھے اکثر مشاعروں میں شرکت کرتے' اپنا کلام سناتے اور

دادو تحسین پاتے۔اس طرح اردو کی خدمت میں سرگرم عمل رہے۔

خصوصاً اردو سے ان کو گہرا لگاؤ اور دلچسپی تھی چنانچہ اس دلچسپی اور اردو کی محبت کے زیر اثر انھوں نے اردو زبان کے تعلق سے اپنے خیالات کا یوں اظہار کیا ہے۔دیکھئے یہ اشعار ؎

ہندو مسلم کی جان ہے اردو
کتنی میٹھی زبان ہے اردو
اس کی رفعت کا پوچھنا ہی کیا
شیریں نغموں کی تان ہے اُردو

حضرت بیدلؔ نے اپنے دل کی گہرائیوں سے حمد اور نعت کہے ہیں جن کے مطالعہ سے ان کی اللہ عز و جل سے محبت اور ادائے بندگی کا اظہار ہوتا ہے دیکھئے یہ چند حمد کے اشعار کہ کتنی عاجزی انکساری اور ادب سے عرض کرتے ہیں کہ ؎

عالمِ یاس میں جب میں نے پکارا یارب
دیا ہے رحمت نے تیری سہارا یارب
ہر طرف ترے ہی جلوے نظر آتے ہیں مجھے
ہر طرف ہے تری رحمت کا نظارا یارب

نعت گوئی تو خصوصاً ایک انتہائی نازک اور اہم مسئلہ ہے جس میں ہر لحظہ ادب احترام اور تقدس کا بڑی دانائی سے خیال رکھنا پڑتا ہے کہ مبادا کہیں نازیبا، تلخ اور غیر موزوں الفاظ کی کسی مصرعہ یا بیت میں شمولیت باعثِ گستاخی نہ ہو اور شرمندگی اور خجالت کا سامنا کرنا پڑے۔نعتِ شریف میں تو سیدھے دل میں اتر جانے والے صداقت و حق پر مبنی تقدس سے مرصّع و مُزین الفاظ کو بکمال صناعی سے نگینوں کی مانند جوڑ کر بحضورِ حضور ﷺ پیش کرنا پڑتا ہے تا کہ مدح خوانِ شہِ کونین ﷺ پر رحمت برسے اور اُس پر سرکار

کائنات کی نظرِ کرم ہوتی رہے حضرتِ بیدلؔ نے اپنی پیشکش نعت میں ان باتوں کا پوری طرح خیال رکھا ہے۔ان کی نعت کے مطالعہ سے ان کی سرکارِؐ دو عالم سے گہری عقیدت اور وابستگی کا اظہار ہوتا ہے حُب نبیؐ کی نشاندہی ہوتی ہے سرورِ کونینؐ کے دربار میں کس عقیدتمندی سے سرنگوں دست بستہ عرض کرتے ہیں۔

ہے اُس بشر پہ خاص عنایت رسولؐ کی
گھر جس کے دل میں کرگئی الفت رسولؐ کی
کرتا ہوں میں حفاظتِ ایمان اس لئے
اس کو سمجھ رہا ہوں امانت رسولؐ کی

عشقِ آقاؐ سے ہو دل تر تو مزا آجائے
اس میں اللہ کا ہو ڈر تو مزا آجائے
بخش دے میرے گناہوں کو خدا خوش ہوکر
ساتھ ہوں شافعِ محشر تو مزا آجائے
موت کے وقت ہو حالت مری ایسی بیدلؔ
درِ اقدس پہ رہے سر تو مزا آجائے

دونوں جہاں میں مونس و غمخوار ہیں حضورؐ
محشر میں عاصیوں کے طرفدار ہیں حضورؐ
پیغام کو خدا کے جو پہنچائے منّ و عن
بیدلؔ خدا کے کتنے وفادار ہیں حضورؐ

ذرا سی دیر میں فرش سے عرش تک پہنچے
صبا سے بڑھکر ہے رفتار، رفتارِ رسول ؐ اللہ
ہمارا عشق بیدلؔ اک نہ اک دن رنگ لائیگا
خدا دکھلائے گا دیکھیں گے دربارِ رسول ؐ اللہ

ہوصلِ علیؑ کا شور نہ کیوں اللہ کے دلبر آتے ہیں
پُر نور جہاں ہوجائے گا اب نور کے پیکر آتے ہیں
وہ میرے نبی ؐ ہیں، میرے نبی ؐ کیا ان کی صفت ہو ان سے بیاں
جو بخششِ اُمت کے بیدلؔ پیغام کو لے کر آتے ہیں

حضرت بیدلؔ نے حضرت حسین ابن علیؓ، غوث الاعظم دستگیرؒ، خواجہ اجمیریؒ، خواجہ غریب نواز اور خواجہ بندہ نواز گیسو درازؒ کی شان میں بھی منقبت کے نذرانے پیش کئے ہیں۔

وعدہ کی جیسے پھر گئی تصویر سامنے
سب کو ہٹا کے ہوگئے شبیرؓ سامنے
لے کر خدا کا نام بڑھے رات دن حُسینؓ
رکھ کر اصولِ کاتبِ تقدیر سامنے
بیدلؔ بنے گی اُس کی ہی بگڑی بروزِ حشر
جس کے رہیں گے اصغرِ بے شیرؓ سامنے

غوث پاکؒ سے عقیدت دیکھئے

جس روز سے ہے نسبتِ غوث الاعظمؒ
منظور بہ دل طاعتِ غوث الاعظمؒ

سلطانِ ولادت کا ہوں بیدلؔ شیدا
ہے دل میں مرے الفتِ غوث الاعظمؒ

خواجہ اجمیری کی منقبت کے یہ اشعار سنیے۔

نبیؐ کا اُتارا ،علی کا تصدّق
دلادو دلادو یا اجمیری خواجہ
میں جب آپ کے در کا ادنیٰ گدا ہوں
تو بگڑی بنا دو یا اجمیری خوا جہ
میرے دل سے للہ دنیا کی اُلفت
کرم سے مٹا دو یا اجمیری خواجہ

اب آیئے دیکھتے ہیں حضرت بیدلؔ کا تغزل

خدا کے لئے پاس آؤ ذرا تو
میری تشنگی کو بجھاؤ ذرا تو
یہ بارش کا موسم یہ سردی گلابی
یہی رُت ہے آنے کی آؤ ذرا تو
کہو تو تمہاری کروں آرتی میں
نقاب اپنے رُخ سے ہٹاؤ ذرا تو
خمِ مئے سے بیدلؔ سیراب ہوگا
نظر سے پلا کر چکھاؤ ذرا تو

سوزشِ زخم کو سہہ لیتا ہوں ہنستے ہنستے
سببِ راحتِ دل گیر کہاں سے لاؤں
پھول بن کر بھی جو دِکھتی ہو کلی سی بیدلؔ
ایسے انداز کی تصویر کہاں سے لاؤں

اس کے علاوہ حضرتِ بیدلؔ نے نظمیں بھی کہی ہیں جن میں قلی قطب شاہ' گاندھی جی' قومی یکجہتی' آزادی اور حُب الوطنی کے جذبات کا اظہار عیاں ہوتا ہے جیسے ؎

کارنامہ قلی قطب شہ کا
تا قیامت رہے نہ کیوں زندہ
پڑھ کے دیکھے کوئی سوانح کو
قومی یکجہتی تھا شعار اُس کا
آج فردوس میں ہے وہ بیدلؔ
ساری دنیا میں ہے چرچا جس کا

یہ وہ گاندھی تھے' جن کی حکمت سے ملی ہے آزادی
اہنسہ کا جو نعرہ تھا 'ہوئی نہ اُس سے بربادی
اپنے فکر و تدبر سے وطن کی کرنے رکھوالی
بیدلؔ کرو سلام انہیں 'جو راہِ حق دکھادی

جشنِ آزادی ہمیں مل کر منانا چاہیے
اِک نئی منزل پہ سب کو پھر سے لانا چاہیے
عزم واستقلالِ بیدلؔ کی قسم اۓ دوستو
باغِ آزادی سے کانٹوں کو ہٹانا چاہیے

شومیٔ قسمت سے حضرت بیدلؔ پر ایک وقت ایسا بھی آیا کہ ان کی آنکھوں میں موتیا آجانے کی وجہ سے وہ تقریباً سات سال تک فکرِ شعری میں مصروف رہنے سے قاصر رہے اور لکھنے پڑھنے سے بھی عاجز رہے کیونکہ بینائی نے آدبوچا۔تقریباً سات سال کے بعد دوبارہ شاعری کی طرف راغب ہوئے اور پھر سے طبع آزمائی کی اور ان کا اشہبِ قلم دوڑنے لگا۔

الغرض !!! حضرتِ بیدلؔ کی شاعری دلدار تھی۔ان کے علم کی وسعت شاعرانہ یا تسکین، اظہارِ بیان کی صلاحیت، مشاہدات وتجربات کا احساس ان کے کلام سے ظاہر ہوتا ہے۔ان کے کلام میں شائستگی، برجستگی اور بے ساختگی کوٹ کوٹ کر بھری ہے ان کا اندازِ بیان صاف ستھرا، زبان بالکل سیدھی سادھی اور سلیس ہے جس سے شعر فہمی میں آسانی ہوتی ہے۔ان کے اس انداز سے سامعین وقارئین بلاشبہ متاثر ہوتے ہیں بیدلؔ تقریباً پینتالیس سال تک شعر وسخن سے منسلک ومربوط رہے۔

حضرتِ بیدلؔ غزل گوئی میں بھی درجۂ کمال تک پہنچے اور اپنی صلاحیت کے کمال دکھائے۔اور تغزل سے بھرپور غزلیں کہیں اور انداز بیان میں لطافت وندرت بھردی۔نہایت ہی دلآویز پیرائے اختیار کیے جسکی وجہ سے خیال وتخیل بے حد دلکش اور دل موہ لینے والا ہے ان کے کلام میں کیف وسرور کی جھلکیاں بھی نمایاں ہیں بہرحال حضرتِ بیدلؔ کے خامۂ رنگین نگار نے ان کے کلام میں وہ آب ورنگ بھردیا ہے کہ

اربابِ ذوق کی نگاہیں ان کے اشعار کی رنگینی سے معکوس ومنور ہو جاتی ہیں تقریباً پینتالیس سال تک مسلسل اردو کی خدمت کرتے رہے۔ آخر کار اپنی علمی وادبی ذوق کی چند نشانیاں چھوڑ کر بتاریخ ۱۵ ستمبر ۲۰۰۳ء کو اس جہانِ فانی سے کوچ کیا۔ اہلِ ادب کے لئے یقیناً یہ ایک افسوس کا مقام ہے کہ انھوں نے خزانۂ ادب سے ایک انمول موتی کھو دیا۔ بقول علی الدین نویدؔ۔

اہلِ سخن جہاں سے گزرتے نہیں کبھی
لفظوں میں سانس لیتے ہیں مرتے نہیں کبھی

راقم السطور آخر میں یہ دعا کرتے ہوئے اپنی بات ختم کرتا ہے کہ اللہ تعالیٰ مرحوم کو مغفرت فرما کر غریق رحمت کرے اور جنت الفردوس میں اعلیٰ مقام عطا فرمائے۔ آمین

رپورتاژ: انجم شافعی

بزمِ بیدلؔ کا تہنیتی جلسہ و مشاعرہ
ڈاکٹر عقیل ہاشمی کی علمی، ادبی و مذہبی خدمات

۸؍مئی ۲۰۰۵ء کو بزمِ بیدلؔ کی جانب سے ڈاکٹر عقیل ہاشمی سابق صدر شعبہ اردو عثمانیہ یونیورسٹی کے علمی، ادبی و مذہبی خدمات کے اعتراف میں ادبی اجلاس نعتیہ مشاعرے کا بمقام مسدوسی ہاوز مغلپورہ انعقاد عمل میں آیا جس کی صدارت محمد قمرالدین قمر صابری، چیرمین مکتبہ شاداب نے کی۔ یوسف الدین یوسفؔ صدر بزمِ بیدلؔ نے مہمانوں کا پرتپاک استقبال کیا۔ ڈاکٹر مجید بیدار اسوسی ایٹ پروفیسر شعبہ اردو عثمانیہ یونیورسٹی اور جناب نادر المسدوسی صدر بزم علم و ادب مہمانانِ خصوصی تھے۔ نظامت کے فرائض جناب یوسف الدین یوسفؔ نے انجام دیئے۔

جلسے کا آغاز یوسف روشؔ کی قرأت کلام پاک سے ہوا۔ ان کے بعد یوسف الدین یوسفؔ نے حضرت محمد حبیب بیدلؔ کی نعت شریف سنائی۔ یوسف روشؔ نے اپنی مترنم آواز میں ڈاکٹر عقیل ہاشمی کی تہنیت میں منظوم خراج تحسین پیش کیا۔ بعدازاں نادر المسدوسی نے ڈاکٹر عقیل ہاشمی کی شال پوشی کی پھر جناب محمد اقبال (فرزند بیدلؔ) نے صدر جلسہ محمد قمرالدین قمر صابری اور دیگر مہمانانِ خصوصی کی گلپوشی کی۔ اس پر مسرت کارروائی کے بعد ادبی اجلاس کے آغاز کے طور پر ناظم جلسہ نے راقم السطور انجم شافعی کو مضمون سنانے کا حکم دیا۔ چنانچہ انجم شافعی نے ڈاکٹر عقیل ہاشمی کے فن نثر و نظم اور شخصیت پر تفصیلی مضمون سنایا۔ جناب نادر المسدوسی نے ڈاکٹر عقیل ہاشمی کے تعلق سے اپنے خیالات کا کچھ اس طرح اظہار کیا کہ

ڈاکٹر عقیل ہاشمی نہ صرف ایک قابل ترین دانشور ادیب وشاعر ہیں بلکہ فن تاریخ گوئی میں ید طولیٰ رکھتے ہیں ۔ ڈاکٹر مجید بیدار اسوسی ایٹ پروفیسر عثمانیہ یونیورسٹی شعبہ اردو نے ایک قابل رشک بات بتائی عثمانیہ یونیورسٹی میں نواب میر عثمان علی خاں بہادر کی تصویر پرنسپل روم میں لگوانے کا سہرہ ڈاکٹر عقیل ہاشمی کے سر جاتا ہے ۔ مولوی قمر الدین صابری چیرمین مکتبہ شاداب نے اپنی صدارتی تقریر میں کہا کہ ڈاکٹر عقیل ہاشمی کی ادب دوستی کو جتنا سراہا جائے کم ہے ۔ ان کی عظیم شخصیت بے شک ستائش کے لائق ہے ڈاکٹر عقیل ہاشمی کا تحقیقی کارنامہ ہے کہ انہوں نے حیدرآباد کی مشہور ومعروف بزرگ شخصیت وطنؔ شاہ کے تصوف اوران کی حیات اور کارناموں پر مفصل کتاب تصنیف کر کے منظر عام پر لا کر بہت بڑی علمی ادبی خدمت انجام دی ہے ۔ ڈاکٹر عقیل ہاشمی نے انتہائی عالمانہ اور منکسرانہ انداز میں صدر جلسہ ‘مہمان خصوصی ومقررین اکرام کے علاوہ تمام عہدہ داران بزمِ بیدلؔ اور سامعین کرام کا بے حد شکریہ ادا کیا ۔ اس کے فوری بعد مشاعرے کا آغاز ہوا ۔ اس مشاعرے کی نگرانی بھی مولوی محمد قمر الدین قمر صابری نے کی اور نظامت بھی یوسف الدین یوسفؔ نے ہی انجام دی ۔

تہنیتی قطعہ

(ڈاکٹر عقیل ہاشمی کی نذر)

میں کیا بتاؤں کیا ہے بصیرت میں آپ کی
پوشیدہ کتنے فن نہیں حکمت میں آپ کی
اہلِ سخن کا پیش ہے اخلاص دیکھئیے
کب سے عقیل ہاشمی خدمت میں آپ کی

نتیجہ فکر : سید یوسف روشؔ

رپورتاژ : نادرالمسدوسی

بزم بیدلؔ کا مولوی قمرالدین صابری کی علمی وادبی خدمات کے اعتراف میں تہنیتی جلسہ ومشاعرہ

مولوی قمرالدین صابری ایڈوکیٹ وچیرمین مکتبہ شاداب ومدیر ماہنامہ شاداب کے دیرینہ علمی، ادبی صحافتی خدمات کے اعتراف میں بزمِ بیدلؔ حیدرآباد کے زیراہتمام ۷راگست ۲۰۰۵ء بروز یکشنبہ مسدوسی ہاؤز مغلپورہ میں تہنیتی جلسہ زیرصدارت ڈاکٹر عقیل ہاشمی سابق صدر شعبہ اردو عثمانیہ یونیورسٹی اور بعدازاں مشاعرہ زیرصدارت مولوی قمر الدین صابری منعقد ہوا۔ تہنیتی جلسہ میں بحیثیت مہمان خصوصی جناب نادرالمسدوسی صدر بزم علم وادب ڈاکٹر خواجہ فریدالدین صادق صدر ادارہ ادب صادق، جناب انجم شافعی ریسرچ اسکالر وجناب طیب علی خرادی ریسرچ اسکالر نے شرکت کرتے ہوئے مولوی قمرالدین صابری صاحب کی غیر معمولی ادبی' سماجی' صحافتی خدمات پر خراج تحسین پیش کیا اور نئی نسل کے لیے ایک مثال قرار دیا۔ ان کے علاوہ ڈاکٹر سید حسن، جناب امان علی ثاقب صابری اور جناب واصل صدیقی نے تہنیتی کلام پیش کرتے ہوئے زبردست خراج تحسین پیش کیا۔ مشیر اعلیٰ بزم بیدل جناب نادرالمسدوسی نے بزم کی جانب سے مولوی قمرالدین صابری کی شال پوشی اور سرپرست بزم جناب محمد اقبال نے گلپوشی کی ان کے علاوہ جناب نیاز کریم نگری، جناب یوسف الدین یوسف صدر بزم، جناب انجم ہاشمی معتمد بزم نے بھی گلپوشی کی۔ بعدازاں صدر اجلاس ڈاکٹر عقیل ہاشمی اور مہمانانِ خصوصی

ا الله ید سن ، جناب واصل صدیقی ، جناب نیازؔ کریمنگری اور جناب نادرالمسدوسی کی کاوشی لی گئی ۔ جناب محمد یوسف الدین یوسفؔ نے اجلاس اور مشاعرے کی نظامت بڑی خوبی سے انجام دی ۔ مشاعرہ مولوی قمرالدین صابری کی صدارت میں منعقد ہوا جس میں حیدرآباد کے ممتاز شعراء نے اپنے کلام پر داد حاصل کی ۔ جلسے اور مشاعرہ کا آغاز قاری محمد اکبر کی قرأت کلام پاک سے ہوا اور بیدلؔ صاحب مرحوم کی نعتِ شریف یوسف الدین یوسفؔ نے پیش کیا۔

تہنیتی قطعات

(جناب قمرالدین صابری ایڈکیٹ' چیرمین مکتبہ شاداب کی تہنیت کے موقع پر)

زمینِ سخن آج دل سے سنواریں
قصیدوں کے ہم اُس پہ اشعار اُتاریں
دکن میں روشؔن ہیں معطّر معطّر
حیاتِ قمرؔ کی یہ اسّی بہاریں

❁

آپ کا راہِ ادب بھر پور تھا' بھر پور ہے
یہ نہ پوچھو منزل اب نزدیک ہے یا دُور ہے
صابری صاحب کے جشنِ تہنیت میں ڈوب کر
زندگی ایوانِ ''فاروقی'' میں اب مسرور ہے

❁

نتیجہ فکر: سید یوسف روشؔن

سید شاہ محمد جمیل الدین حسینی رضوی قادری شرفی
(سجادہ نشین شرفی چمن، صدر نشین زاویہ قادریہ ٹرسٹ وسرپرست بزم شعرائے شرفستان حیدرآباد)

محمد حبیب بیدلؔ مرحوم اور بزم بیدلؔ پر ایک تاثراتی نوٹ

بتاریخ : ۲۵؍ستمبر ۲۰۰۵ء بمقام مسدوسی ہاؤز، مغل پورہ، حیدرآباد

شروع اللہ کے نام سے جو بڑا مہربان اور نہایت رحم والا ہے۔ تمام تعریفیں اسی کے لئے ہیں جو تمام عالموں کا رب ہے اور اسی کے حوالے سے ہر جنس اور ہر صنعت کی ستائش ہوتی ہے، ہر تحسین و آفرین بالراست یا بالواسطہ اسی کی خلاقیت کو خراج پیش کرتی ہے۔ محفل میں تشریف فرما دانشوران ادب، محبان رسول صلی اللہ علیہ وسلم، بزم بیدلؔ کے سربراہان اور جمیع حاضرین۔

السلام علیکم ورحمۃ اللہ!

یہ فیضانِ نظر تھا یا کہ مکتب کی کرامت تھی
سکھائے کس نے اسمٰعیل کو آدابِ فرزندی

عزیزانِ گرامی قدر!

یہ شعر بے ساختگی کے ساتھ اس وقت میری زبان پر آیا جب محمد حبیب بیدلؔ نور اللہ مرقدہ، کے یہ دونوں سعادت مند فرزندان محمد اقبال سلمہٗ اور محمد ادریس سلمہٗ اپنے والد کی سالانہ فاتحہ کے ضمن میں نعتیہ مشاعرے کے انعقاد کے سلسلہ میں میرے پاس تشریف لائے تھے، ان کے چہروں اور ان کے رویوں سے جو وارفتگی اور خلوص مترشح ہو رہا

تھا میں اس سے متاثر ہوئے بغیر نہیں رہ سکا۔ حالانکہ یہ میرا اصول ہے کہ میں سوائے شرنی تمن اور شرفستان سے وابستہ انجمنوں سے ہٹ کر کسی مشاعرے میں نہیں جاتا مگر ان دونوں بھائیوں کے جذبہ صادق پر پھر مولانا نادر المسدوسی کی دعوت بھری مسکراہٹ اس پر مستزاد یوسف الدین یوسف کے ترنم ریز خلوص اور ان کے نعت کے خوبصورت مصرعے نے مجھے ایک طلسماتی ڈورسے باندھ کر اپنی طرف کھینچ لیا' مجھے یہاں آکر یک گونہ مسرت کا احساس ہو رہا ہے کہ ماشاء اللہ سبھی کے چہروں سے محبت رسول کی شعاعیں پھوٹ رہی ہیں' ہمارے شہر میں اتنی ادبی اور مذہبی انجمنیں ہیں کہ مہینے میں کم سے کم تیس مشاعرے ہو ہی جاتے ہونگے۔ لیکن مجھے پتہ چلا ہے کہ "بزم بیدلؔ" ان سب انجمنوں میں بہت ہی قلیل مدت میں اپنی نمایاں شناخت بنا چکی ہے۔ ظاہر ہے جس کام میں جذبہ صادقؔ اور نادر خیالی پورے خلوص نیت سے شامل ہو وہ کام ضرور بہ ضرور اقبال مندی کا مظہر بن جاتا ہے بزم بیدل ایک ایسے شاعر کے نام سے موسوم ہے جس نے ستائش کی تمنا اور صلے کی پرواکیے بغیر اپنے خون سے نخل سخن کی آبیاری کی ہے۔ محمد حبیب بیدلؔ مرحوم بہت ہی سادہ سلیس زبان اور اثر انگیز فکر کے حامل شاعر تھے ان کی حیات اور شاعری سے متعلق مجھے جتنا بھی مواد مل سکا میں نے اس سے استفادے کی کوشش کی اور دیکھا کہ نہ صرف انھوں نے اچھی شاعری کی ہے بلکہ اچھے انسان' ایک اچھے مسلمان اور ایک اچھے تاجر کی حیثیت سے بھی خود کو نمایاں رکھا ہے' اور یہی وہ اوصاف ہیں جو انسان کو مکمل انسان بناتے ہیں ۔ میں نے جہاں تہاں سے ان کے کلام کا مطالعہ کیا الحمد للہ ان کی شاعری میں عشق رسولؐ اور وابستگی اولیائے کرام کا خاصا رچاؤ نظر آیا۔ ان کے یہ شعر آپ بھی ملاحظہ فرمائیں ۔

عشقِ آقاؐ سے ہو دل تر تو مزا آ جائے
اس میں اللہ کا ہو ڈر تو مزا آ جائے

؎ اسلام جہاں میں پھیلے گا ' ظلمت کی گھٹا چھٹ جائے گی
باطل کے طرفدار وٹھہرو ' آتے ہیں پیمبر آتے ہیں

؎ ترا نام لے کر جیے جا رہے ہیں
ترے در سے خالی نہ ہم کو پھرانا

؎ یہاں کا خار بھی جنت کے گل سے ہے کہیں بہتر
ہے صدر شکِ جناں واللہ گلزارِ رسول اللہ

؎ خوشی میں جھوم کے کہتے ہیں سارے دیوانے
تری نظر پہ تصدق ہزار پیمانے

؎ یہ سب نسبت کا صدقہ ہے جو کی بیدلؔ نے کچھ مدحت
کجا یہ بندۂ عاصی کجا محبوبِ سبحانی

حضرت محمد حبیب بیدلؔ کی ادب دوستی، علم نوازی اور خلق خدا سے انسیت ومحبت کا اندازہ ان کی کئی ادبی اور معاشرتی انجمنوں سے وابستگی سے بھی لگایا جاسکتا ہے' قابل مبارکباد ہیں مرحوم کے فرزندان جنھوں نے اپنے والد کے نام کو زندہ رکھنے کے لئے یہ بزم قائم کی اور پوری دلچسپی اور ذمہ داری کے ساتھ بہت ہی سنجیدہ اور ٹھوس طریقے سے خدمتِ علم وادب انجام دے رہے ہیں' کیا ہی اچھا ہو اگر بیدلؔ صاحب کے منتخب کلام کا مجموعہ بھی منظر عام پر آئے' بہر حال میری دعا ہے کہ خدا ان کی اپنے والد کے تئیں محبت اور علم وادب کی خدمت کو اپنی بارگاہ میں اور اپنے حبیب ﷺ کی بارگاہ میں قبول فرمائے اور اس انجمن سے وابستہ سبھی حضرات کے درجوں کو بلند فرمائے آمین وآخر دعوانا ان الحمد للہ رب العالمین۔

سید شاہ محمد جمیل الدین حسینی رضوی قادری شرفی
(سجادہ نشین شرفی چمن)
۱۷؍۱؍ستمبر ۲۰۰۵ء

بسم اللہ الرحمن الرحیم

بزم بیدل کی تہنیتی تقریب

مسند کے پہلو میں جلوہ فرما، معزز رہروانِ علم و ادب۔ حاضرین کرام اور بانیانِ محفل السلام علیکم ورحمتہ اللہ۔

آج کی یہ محفل جو ''بزم بیدل'' کے پرخلوص مقاصد کا ایک حصہ ہے اس لحاظ سے بھی اہم ہے کہ آج یہاں دیارِ محبت حیدرآباد دکن کے ان مایہ ناز ہستیوں کو خراج تحسین پیش کیا جا رہا ہے۔ جنہوں نے علم و ادب کی راہوں میں اجالا کرنے کے لیے اپنے دل اور اپنی آنکھوں کے چراغ جلائے ہیں۔ محترم ڈاکٹر سید حسینؔ، عزیز حسین عزیزؔ صاحب، محمد امان علی ثاقبؔ صابری صاحب، ڈاکٹر خواجہ فرید الدین صادقؔ صاحب، ڈاکٹر سید رزاق علی ظفرؔ صاحب، ڈاکٹر طیب پاشاؔ قادری صاحب، اور جناب انجم شافعیؔ صاحب۔ آج کی محفل میں بہاروں کے نقیب بن کے جلوہ افروز ہوئے ہیں۔ سب سے پہلے میں ڈاکٹر سید حسنؔ صاحب کو ان کی کتاب ''گماں کی دھوپ'' کی اشاعت پر دلی مبارکباد پیش کرتا ہوں۔ گوکہ ان کی کتاب ابھی تک میرے مطالعے میں نہیں آئی ہے تاہم میں اتنا ضرور کہہ سکتا ہوں کہ ڈاکٹر صاحب کی شاعری حقیقی معنوں میں احساس اور آگہی کی ترجمان ہے جتنا کچھ بھی انہیں سننے یا پڑھنے کا موقع ملا ہے مجھے اس بات پر مسرت ہے کہ ڈاکٹر صاحب نے اردو ادب کو کچھ انمول نگینے پیش کرنے کی کوشش کی ہے۔ ان کی

شاعری ہمارے ادبی سماج کے لیے قابل احترام ہے۔

میرے عزیز دوست عزیز حسینؔ عزیز مجھے ہر لحاظ سے عزیز ہیں لیکن شعر و ادب کے حوالے سے ان کی جو شناخت ہے وہ ہمارے تعلقات کا بنیادی سبب ہے۔ عزیز حسین عزیزؔ منفرد لب و لہجے کے حساس شاعر ہیں۔ ان کا مجموعۂ نعت ''مطلع حرا'' نعتیہ ادب میں ایک اضافہ ہے۔ وہ ہماری محفلوں کی زینت ہیں اور ہمارے دل کے قریب رہتے ہیں۔ انہیں مبارکباد دینا ہمارے لیے خود اپنے آپ کو مبارکباد دینے کے برابر ہے۔ ان کے علاوہ ادب اور تصوف کی مخلوط تہذیب کے نمائندہ قلمکار محترم محمد امان علی ثاقبؔ صابری قابل مبارکباد ہیں کہ پنجتن پاک کے صدقے میں ان کی سات متبرک تصانیف منصۂ شہود پر آئیں۔ ثاقب صابری صاحب عرصۂ دراز سے شعر و ادب کی خدمت انجام دے رہے ہیں۔ میری دعا ہے کہ خدا ان کو لمبی عمر اور بہتر صحت سے سرفراز فرمائے تا کہ ان کی یہ اثر انگیز سرگرمیاں جاری رہیں اور بندگان خدا فیض حاصل کرتے رہیں۔ آمین

حاضرین کرام اب جس ہستی کا نام میں لینے جا رہا ہوں اگر اس کی صحیح تعریف بیان کی جائے تو صفحوں کے صفحے سیاہ ہو جائیں گے مگر میں اختصار سے کام لوں گا۔ میرے سامنے نام ہے۔ بہت ہی فعال اور مخلص انسان ڈاکٹر خواجہ فریدالدین صادقؔ کا ڈاکٹر صادق کی پی ایچ ڈی کی تکمیل سے مجھے روحانی مسرت کا احساس ہوا ہے۔ بے پناہ ڈگریوں کے حامل صادق صاحب نے جستجو اور شوق کے جو مرحلے طئے کیے ہیں وہ جنون تک پہنچی ہوئی ادب پرستی کے آئینہ دار ہیں اور ظاہر ہے اردو زبان اگر زندہ ہے تو ایسے ہی مخلصین کے دم سے ہے۔ محترم ڈاکٹر سید رزاق علی ظفرؔ سے ہمیں مسدوسی ہاوز میں اس سے قبل بھی شرف ملاقات حاصل رہا اور ان کی تقریر سننے کا بھی موقع ملا۔ فی زمانہ ان جیسے مقررین کی بڑی کمی ہے انداز تخاطب، لفظیات کا استعمال ایسا ہے کہ سننے والے سیر بیانی سے متاثر ہوئے بغیر نہیں رہ سکتے۔ انہیں بھی ڈاکٹریٹ کی ڈگری کے حصول پر مبارکباد دیتا ہوں اور اللہ تعالیٰ سے ان کے لئے بھی دعا گو ہوں کہ انہیں صحت و عافیت کے ساتھ

عمر دراز عطا کرے....آمین

اس موقع پر شہر حیدرآباد کے ممتاز شاعر اور خوش گلو نعت خواں ۔ ہونہار نوجوان ڈاکٹر طیب پاشاہ قادری کو بھی دلی مبارکباد پیش کرتا ہوں کہ انہوں نے بھی ڈاکٹریٹ کی تکمیل کی ہے۔ خدا ان کے درجات کو بلند فرمائے اور ان کے دل میں علم وادب کی ہوس بڑھائے۔ برادرم سلطان علی بن عمر باربود المعروف انجم شافعی جنہوں نے ماسٹر آف کلاسکی کی ڈگری حاصل کی ہے سب سے زیادہ مبارکباد کے مستحق ہیں کیونکہ انہوں نے حصول علم کے لیے عمر کی درمیانی حصے کو بھی ہاتھ سے جانے نہیں دیا۔ خدا ان کی عمر دراز کرے آج اردو زبان کے ادب کو ایسے ہی جیالوں کی ضرورت ہے۔

اس محفل میں شریک ہو کر مجھے بے پناہ خوشی ہو رہی ہے کہ یہ محفل واہ واہ کے لیے منعقد نہیں کی گئی ہے بلکہ یہ فدائیان ادب کو خراج پیش کرنے کی ایک سعی مسعود ہے۔ اس پر موقع پر میں بزم بیدل کے عہدیداران واراکین خصوصاً جناب محمد اقبالؔ صاحب' جناب ادریس صاحب 'جناب نادرالمسدوسی صاحب 'جناب یوسف الدین یوسف صاحب' جناب قمرالدین صابری ایڈوکیٹ اور دیگر حضرات کو مبارکباد دیتا ہوں کہ اس جلسے اور مشاعرے کا انعقاد آپ لوگوں کی ادب دوستی اور خلوص نیت کا غماز ہے۔ میری دعا ہے کہ خدا آپ کی ان قیمتی کاوشوں کو قبول فرمائے آپ کی مرادیں برلائے اور کامیابیاں سرفراز فرمائے آمین ثم آمین ۔ اب میں آپ کو بتانا چاہوں گا کہ یہ محفل ہمارے لیے اس لحاظ سے بھی اہم ہے کہ ہمارے بھائی نادرالمسدوسی صاحب خدا کے فضل وکرم سے صحت یاب ہوئے ہیں۔ لہذا ہم انہیں بھی تہنیت پیش کرتے ہیں اور ان کے لیے دعا گو ہیں کہ وہ ہمیشہ صحت منداور خوش وخرم رہیں۔ آمین بجاہ سید المرسلین علیہ وسلم آمین

تہنیتی قطعہ

(جناب امان علی ثاقب کی نذر)

شعر و سخن کے باب میں رطب اللسان ہے
اُس کا کمال یہ ہے کہ شیریں بیان ہے
رَب کے کرم سے چھپتے ہیں فن پارے بے شمار
ثاقبؔ کا لہجہ کیا ہے سخن کی زبان ہے

تہنیتی قطعہ

(ڈاکٹر سید حسن کے شعری مجموعہ ''گماں کی دھوپ'' کی اشاعت پر)

کبھی اپنی خبر آئے' کبھی اُن کی خبر آئے
فراقِ یار میں شام و سحر اب آنکھ بھر آئے
حسنؔ سے زندگانی کی حقیقت کیا ہے' مت پوچھو
''گماں کی دھوپ'' میں سائے حقیقت کے نظر آئے

تہنیتی قطعہ

(جناب عزیز حسین عزیز کے نعتیہ مجموعہ ''مطلع حرا'' کی رسمِ اجراء پر)

نعت کی ہے روشنی یا ہے نُور محمدؐ کا
سامنے مرے نبی یا مرا خدا ہے یہ
آنکھ بند کر کے تم سوچنا روشؔن ذرا
''مطلعِ حرا'' ہے یہ ''مطلعِ حرا'' ہے یہ

نتیجہ فکر: سید یوسف روشؔن

ڈاکٹر فریدالدین صادق کی نذر

ساری خبر ہے ذہن میں ماضی و حال کی
توفیق ہے نصیب تمہیں ذوالجلال کی
تنقید و تبصرہ ہو کہ اصنافِ شاعری
سب پر نظر تمہاری ہے صادق کمال کی

جناب رزاق علی ظفر کے حصول ڈگری ڈاکٹریٹ پر

ذوقِ ادب جو تم میں نکھرتا چلا گیا
تم کو عطا خدا سے ہوئی چشمِ نکتہ بیں
جو بھی ہوا ہے کام سلیقے سے ہوگیا
تم ڈاکٹر بنے ہو ظفر آج بالیقیں

جناب طیب پاشاہ قادری کے حصول ڈگری ڈاکٹریٹ پر

اللہ کے کرم سے جو پائی ہے آگہی
اُس کی جہان والوں میں پھیلی ہے روشنی
سوزِ دُروں سے پھر جو مقالہ ہوا تمام
طیب کو ڈاکٹریٹ کی ڈگری روشؔن ملی

جناب انجم شافعی کے حصول ڈگری ایم۔فل پر

طالب سے دل تمہارا کب ہے خالی
ادب میں ہے تمہاری چھب نرالی
آثر غوری کے فن پہ کر کے تحقیق
سند ایم۔فل کی انجم تم نے پالی

نمونہ کلام

محمد حبیب بیدلؔ مرحوم و مغفور

حمد باری تعالیٰ

عالم یاس میں جب میں نے پکارا یا رب
دی ہے رحمت نے تیری بڑھ کے سہارا یا رب
ہر طرف تیرے ہی جلوے نظر آتے ہیں مجھے
ہر طرف ہے تیری وحدت کا نظارا یا رب
خضر کی آڑ سے کی تو نے مدد بندوں کی
جب سوجھائی نہ دیا اُن کو کنارا یا رب
اپنی ہستی کو مٹائے جو تیری الفت میں
ہے محمدؐ کی ہی آنکھوں کا تارا یا رب
ہم برے ہیں کہ بھلے ترے ہیں بندے تیرے
تو ہمارا ہے ہمارا ہے ہمارا یا رب
ہے یہی صبح و مسابس دلِ بیدلؔ کی صدا
تو بھی پیارا ہے تیرا نام بھی پیارا یا رب

نعتِ شریف

ہے اُس بشر پہ خاص عنایت رسولؐ کی
گھر جسکے دل میں کر گئی الفت رسولؐ کی

کرتا ہوں میں حفاظت ایمان اس لئے
اس کو سمجھ رہاہوں امانت رسولؐ کی

محشر کے دارو گیر کی پروا ہو کس لئے
چُھٹ جاونگا میں دے کے ضمانت رسولؐ کی

کامل اگر ہو مشقِ تصور تو بالیقیں
اک روز دیکھ لوں گا میں صورت رسولؐ کی

بیدلؔ خداے پاک کا کیا کم ہے یہ کرم
معراج مومنوں کی زیارت رسولؐ کی

نعت شریف

عشقِ آقاؐ سے ہو دل تر تو مزہ آجائے
اس میں اللہ کا ہو ڈر تو مزہ آجائے

پاس قدموں کے بلالیں شہِ کونینؐ اگر
ایسا میرا ہو مقدر تو مزہ آجائے

پھر کسی چیز کی دنیا میں تمنا نہ رہے
گر دِکھادیں رُخِ انور تو مزہ آجائے

تشنہ کامی نہ رہے اور نہ رہے تشنہ لبی
جام دے ساقیؐ کوثر تو مزہ آجائے

بخش دے میرے گناہوں کو خدا خوش ہوکر
ساتھ ہو شافعِؐ محشر تو مزہ آجائے

چاند دو ٹکرے ہو سورج بھی پلٹ کر آئے
ایسا بھی پیش ہو منظر تو مزہ آجائے

موت کے وقت ہو حالت میری ایسی بیدلؔ
درِ اقدس پہ رہے سر تو مزہ آجائے

اللہ کے دلبر آتے ہیں

ہو صلی علیٰ کا شور نہ کیوں اللہ کے دلبر آتے ہیں
پر نور جہاں ہو جائے گا اب نور کے پیکر آتے ہیں

اسلام جہاں بھی پھیلے گا ظلمت کی گھٹا چھٹ جائے گی
باطل کے طرفدار و ٹھرو آتے ہیں پیمبر آتے ہیں

محبوب خدا ' سالار نبیؐ ' سلطانِ عرب ' مکی مدنی
جس سمت نہ پہنچے کوئی نبی ' اس سمت گزر کر آتے ہیں

اعجاز محمدؐ کے قرباں خود رب نے بڑھائی شان نبیؐ
سرمایہ عظمت کو لے کر اللہ کے دلبر آتے ہیں

وہ میرے نبیؐ ہیں میرے نبی کیا ان کی صفت ہو مجھ سے بیاں
جو بخشش اُمت کے بیدلؔ پیغام کو لے کر آتے ہیں

نعتیہ قطعات

مدینہ کو تمہارا حاجیو ! جانا مبارک ہو
تمنا کو تمہارے دل کی بر آنا مبارک ہو
مبارک ہے تمہاری موت گر آئے مدینہ میں
سلامت گر خدا لائے تمہیں آنا مبارک ہو

نگاہیں دیکھنے کو اس لئے بیدلؔ ترستی ہیں
مدینے ہی میں بگڑی قسمتیں سب کی سنورتی ہیں
سکونِ قلب ملتا ہے ہر انسان کو وہاں جا کر
یہ وہ در ہے جہاں سے رحمتیں سب پر برستی ہیں

جناب بیدلؔ اپلیٹوی کا شمار گجراتی زبان کے مشہور شعراء میں کیا جاتا ہے۔ ساتھ ہی ساتھ اردو کے بہترین شاعروں میں شمار کئے جاتے ہیں۔ انھوں نے روزنامہ ''حق بات'' کی رسم اجراء کے موقع پر تخلیق روانہ کی ہے۔ (ایڈیٹر روزنامہ حق بات) 23/فروری 1976ء

حق بات میرا نام ہے حق بات کہوں گا
دن کو تو کہوں دن نہ کبھی رات کہوں گا
لالچ ' نہ کوئی خوف جُھکا سکتے ہیں مجھ کو
انصاف کی جو بات ہے وہ بات کہوں گا

منقبت حضرتِ حسینؓ

ہے جن کے دور حضرت شبیرؓ سامنے
رکھیں گے صدق کی وہی تصویر سامنے

وعدے کی جیسے پھر گئی تصویر سامنے
سب کو ہٹا کے ہوگئے شبیرؓ سامنے

لیکر خدا کا نام بڑھے رات دن حسینؓ
رکھ کر اُصولِ کاتب تقدیر سامنے

ماہ عزا میں سارے عزا دارِ اہلِ بیت
ہفتاد و دو کی تصویر رکھتے ہیں سامنے

مثلِ حسینؓ واقفِ رازِ حیات ہوں
ماحول زندگی کی ہو تصویر سامنے

اک آہ سرد بھر کے ادا شکر حق کئے
اصغر کو رکھ کے حضرتِ شبیرؓ سامنے

بیدلؔ بنے گی اُس کی ہی بگڑی بروز حشر
جس کے رہیں گے اصغر شبیرؓ سامنے

غزل

دردِ اُلفت کا یہ انجام ہے کیا عرض کروں
بس تڑپنے سے مجھے کام ہے کیا عرض کروں
ہر نفس حشر بداماں ہے خدا خیر کرے
زندگی موت کا پیغام ہے کیا عرض کروں
ابر ہے جام ہے ساقی ہے مگر
باوجود اس کے یہی جام ہے کیا عرض کروں
پھر وہی طوق و سلاسل کی ہے بندش باقی
پھر وہی گردشِ ایام ہے کیا عرض کروں
دوست ناقدری دنیا پہ ہنسی آتی ہے
کام کی بات بھی ناکام ہے کیا عرض کروں
اُن کی تقدیر میں ہے صبح بہاراں لیکن
میری قسمت میں ابھی شام ہے کیا عرض کروں
آنکھ بھر کر بھی نہ دیکھا تھا اُنہیں اے بیدلؔ
حوصلہ دید کا بدنام ہے کیا عرض کروں

غزل

دستور محبت کے قرباں کیا چاہتے ہیں کیا ملتا ہے
افسوس مصیبت کا ساماں کیا چاہتے کیا ملتا ہے
آئینہ مگر میں شیشہ گراں کیا چاہتے ہیں کیا ملتا ہے
ہاتھی کے عوض چونٹی کا نشاں کیا چاہتے ہیں کیا ملتا ہے
گلشن کا ارادہ ہم نے کیا سننے کو صدائیں بلبل کی
تھی بند مگر بلبل کی زباں کیاچاہتے کیا ملتاہے
آئی تھی تصور میں جو کلی پھول بنی اور ٹوٹ گئی
اُس پر بھی رہی آکر ہی خزاں کیا چاہتے ہیں کیا ملتا ہے
ہم نے تو بسائی تھی بستی سوچا تھا کہ ارماں نکلیں گے
پر ہوگیا رہنا اس میں گراں کیا چاہتے ہیں کیا ملتا ہے
اےدوست خیالوں ہی میں سہی چاہا تھا کہ اُن سے مل لیتے
اپنا تو رہا ارماں ارماں کیا چاہتے ہیں کیا ملتا ہے
حالات تبدل ہوتے ہی مٹ جائیگی سمجھے تھے ظلمت
بیدلؔ نہ ہوا روشن یہ جہاں کیا چاہتے ہیں کیا ملتا ہے

اُردو

ہندو مسلم کی جان ہے اُردو
کتنی میٹھی زبان ہے اُردو

اسکی وقعت کا پوچھنا ہی کیا
شیریں نغموں کی تان ہے اُردو

کئی امتحانوں سے گذری ہے
پھر بھی زندہ زبان ہے اُردو

مٹانے پہ یہ اور اُبھرتی ہے
اب یہ بھارت کی شان ہے اُردو

تو بھی اپنا کے دیکھ لے بیدلؔ
کتنی صاف آسان ہے اُردو

بزم بیدل کے زیر اہتمام تہنیتی تقریب' ادبی اجلاس اور مشاعرہ

جناب فریدالدین صادق' جناب امان علی ثاقب' جناب یوسف الدین یوسف' جناب قاری محمد اکبر' جناب انجم شافعی' جناب محمد اقبال' جناب جمیل الدین شرفی' جناب نادر مسدوسی' جناب عزیز حسن عزیز' جناب محمد ادریس

بزم بیدل کے زیر اہتمام جلسہ تہنیت' ادبی اجلاس ومشاعرہ

جناب فریدالدین صادق' جناب سردار سلیم' جناب یوسف روشؔ' جناب انجم شافعی' جناب محمد اقبال' جناب جمیل الدین شرفی قبلہ' جناب نادر مسدوسی' جناب عزیز حسن عزیز' جناب یوسف الدین یوسفؔ' جناب محمد ادریس بھی دیکھے جاسکتے ہیں۔

فرزندان حضرتِ بیدلؔ

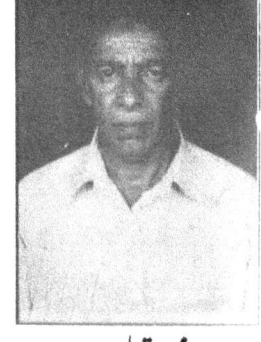

محمد اقبال

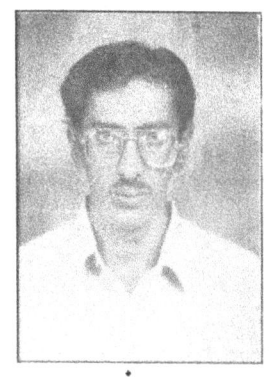

محمد رفیق

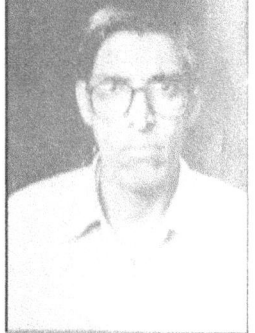

محمد ادریس

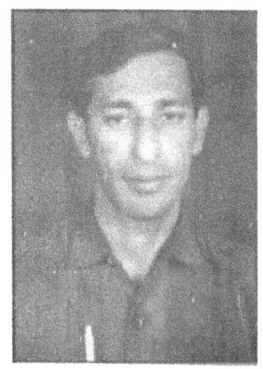

محمد اکبر

۱۹۶۹ء جدو جہد تلنگانہ کے موقع پر

مسٹر ست نارائن اور مسٹر کونڈا لکشمن باپو جی قائد تلنگانہ تحریک کی ۵۴ ویں سالگرہ کے موقع پر جناب محمد حبیب بیدلؔ تہنیتی کلام پیش کرتے ہوئے۔

- نام: محمد حبیب موسیٰ درانی
- تخلص: بیدلؔ
- قلمی نام: محمد حبیب بیدلؔ
- تاریخ ولادت: ۱۹۱۴ء
- مقام ولادت: اپلیٹا۔ گجرات
- تعلیم: بی۔اے (بڑودہ یونیورسٹی۔ گجرات)
- پیشہ: تجارت
- اولاد: چار لڑکے، چار لڑکیاں
- شوق: اردو اور گجراتی میں نثری مضامین اور منظوم کلام
- پتہ: مکان نمبر 5-6-633/B نیو آغا پورہ حیدر آباد